TRUST

Anna T. Szabó

TRUST

Translated by Clare Pollard
with Anna T. Szabó

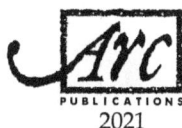

Arc
PUBLICATIONS
2021

Published by Arc Publications,
Nanholme Mill, Shaw Wood Road
Todmorden OL14 6DA, UK
www.arcpublications.co.uk

Original poems copyright © Anna T. Szabó, 2021
Translation copyright © Clare Pollard & Anna T. Szabó,2021
Translator's Preface copyright © Clare Pollard, 2021
Introduction copyright © Sasha Dugdale, 2021
Copyright in the present edition © Arc Publications 2021

978 1908376 74 9 (pbk)
978 1908376 75 69 (ebk)

ACKNOWLEDGEMENTS
Translations of 'The Run' and 'The Body in Motion'
first appeared in *The Frogmore Papers*, 'Woman on a Plaid Blanket' in
Poetry London and 'Protocol' in *Magma*.

Design by Tony Ward

Cover image:
'Heart' Embroidery by Andrea Dezsö
by kind permission of the artist.

Supported using public funding by
ARTS COUNCIL
LOTTERY FUNDED | ENGLAND

Arc Publications Translations Series
Series Editor: Jean Boase-Beier

CONTENTS

Although I edit *Modern Poetry in Translation*, I am a poet not a linguist. I first felt I was given permission to translate thanks to a British Council trip to Hungary in 2004, where I spent time with a group of young Hungarian poets who translated voraciously as part of their poetic practice, including Júlia Lázár, Mónika Mesterházi, Krisztina Tóth, András Imreh, István Lászlo Snr, István Lászlo Jnr, and Anna Szabo. It was just one of the most enjoyable weeks of my life. There were late nights reading and partying in Budapest. Then we travelled to The Hungarian Translators' House by Lake Balaton, and there was a moment when I fell in love with translation. I don't speak Hungarian but I tried to translate a poem by Anna, basing it on a rough 'literal' or 'bridge' translation she made herself and with a dictionary by my side, and it worked somehow. When I read it out she yelped with delight and I thought, *maybe I can do this.*

After that, Anna and I stayed in touch. She was editing poems for *The Hungarian Quarterly*, so she would regularly send me literals over and I'd chat with her and then try and make them work as poems in English. So co-translations, really. That was when I discovered Attila József, who I love, the way he manages to be completely of his time whilst writing these almost raw, folky ballads, and Radnóti, Ady, Petőfi, all these greats in English translation. Then George Szirtes got me involved in this anthology of post-1989 Hungarian poetry for Arc, *New Order*. I love rhyme and Hungarian poetry really influenced me in that – it gave me a model of how to rhyme and still be modern, when in England rhyming was considered very old-fashioned. When Anna sent me her own poems one of my jobs was frequently to put some of the rhyme back in and try to mimic her musicality.

For me, one of the great pleasures of becoming involved in translation has been friendship: the chance to get to know a writer with whom you share something (and in my case often co-translators too). If poetry is often a lonely vocation, it is a pleasure to make art as a collaborative act. Lydia Davis describes the pleasure of translation as being: 'you are not as alone as you are when writing your own work'. Poet and translator Sophie Collins argues that we should replace the idea of "fidelity" in translation with a model of "intimacy", and the co-translations in this book feel like part of a long and intimate conversation.

In the years since, Anna and I have met many times. We returned to the Hungarian Translators' House as part of the Visegrad poets project, to spend late nights talking politics and men, with plenty of astringent Balaton wine and Anna's impossibly sweet chestnut pudding. We made a tipsy midnight trip to ancient Turkish baths; visited Budapest's "ruin bars"; looked at the communist era statues in Memento Park. We went to a celebratory dinner for Hungarian artist Dora Maurer at the Tate Modern, and worked over the kitchen table at our friend Eniko's house. Our lives have many parallels: we are both freelance editors, translators and poets juggling projects and family life. I have explored picture books in non-fiction, whilst Anna has translated Dr Seuss into Hungarian. We have both written of childbirth and motherhood. Last year we worked on drafts of these poems in Berlin, then explored a Käthe Kollwitz exhibition, both feeling a chill of recognition as the shadow of fascism crept across Europe and into her work. I am always inspired by Anna's poems: their bravery, their sensuality, their witchcraft, their philosophical brilliance. Her intent to 'write only what pierces and surprises.'

In practical terms – to go into a little more detail – Anna would send me batches of originals along with bridge translations, often with titles like 'Poems about Children and Miracles' or 'Poems about Women and the Moon'. I would pick out the poems that spoke to me, or that seemed key to her development. I think perhaps an advantage to not speaking Hungarian at this stage was that I could quickly see which poems would work best in English – the ones where an image or line or thought, even in this rough shape, instantly carried over and resonated, and seemed to bring something new into the language. I'd then spend some time going through the poem line by line, beginning to paraphrase it, checking words in the dictionary, and making sure I understood what was going on both in terms of meaning and form. During this process, I would build a list of queries for Anna. Ideally, we'd then meet in person and talk through all my questions – she'd explain Hungarian proverbs or literary allusions; read bits aloud so I could hear them; tell me the personal backstories to her work. I'd then attempt to recreate these poems in English before sending her the drafts, which Anna would annotate with her own questions. Why had I chosen a particular word? Was there a reason I'd dropped the rhyme pattern? And so *Trust* went back and forth between us.

Being a poet myself was very useful when, for example, re-making the sequence 'The Women and Don Juan' (my favourite) back into rhymed sonnets – it is a form I often use and feel comfortable with, and Anna and I share an influence in Shakespeare's sonnets. It was a pleasure, like a crossword puzzle, to make the content fit the form. It also means that Anna trusts me to use what the Hungarians term "unfaithful beauties" – translations which deviate from the Hungarian, but in doing so also gain something in the English that rebalances the loss. An example might be an early translation we did together, 'The Run', in which the bridge Anna sent me has the run come to an abrupt stop like this:

> and hurled by the almighty nameless power,
> now joy, then pain, night burst into
> light, be light and live, be happy, be, it beats,
> its sticky pleasure scares me.
>   In arm's length distance
> an iron fence, a rusty barbed wire.

In my version, I tried to recreate the iambic pentameter, which seemed important in this tumbling poem, and this led me into two "unfaithful beauties":

and hurled by some almighty, nameless hand,
now joy, then pain, then night turns into light,
be light and live, be happy, *be*, it beats.
Its sticky pleasure terrifies, then –
                                     whoah.
An iron fence, strung with rusted barbed wire.

                                  ('The Run' p. 113)

'Some […] hand' definitely makes my version slightly
more ambiguous in its religious position than Anna's 'the
[…] power', but I also love that extra physicality, as though a
hand has literally hurled her. I was also very pleased with the
'whoah', especially as in the next line the speaker is 'snorting
like horses'. It mimics what Anna does with the layout in
her poem, a kind of pulling up suddenly, whilst keeping the
metre. It also feels a little cheeky, but I am grateful for Anna's
kindness and enthusiasm when I find such solutions!

All translation involves a certain amount of trust but
co-translations such as these even more so. I often remind
myself I literally cannot read the Hungarian. It seems an
absurd leap of faith that Anna thinks I can help render these
poems I cannot read into English. And I have to trust, also,
that the poems she describes to me exist. It takes a lot of trust
from you too, reader, to believe these co-translations worth
your time. But there is a story Anna told me when we met
that always seems to me a fable about writing. She once lost
her wedding ring in the sea, so searched the sea bed until
the sky grew dark, but couldn't find it. The next day, she
came back and dived again and again, until, at last, there it
was. What patience! What faith! So too, though some days it
seems like you will never find it in the infinite sand-grains of
language, the right word is there waiting. Thankyou, Anna,
my friend, for teaching me this and more.

                                            Clare Pollard

INTRODUCTION

'If the poem is a bath, you step out / naked', Szabó writes in her poetic address to the reader. This short poem, nearly midway through *Trust* recalls Baudelaire's 'Au Lecteur' but Szabó makes no attempt to repeat or reframe Baudelaire's famous appeal to the colourfully sinful hypocrite reader. In Szabó's 'Au Lecteur' (p. 65), the poem itself speaks, asking the reader what they are looking for, as they stretch out to occupy the warm but limited bath of the poem. Free of demons and gallows, the modern poem is no longer the garish parade of horrors that Baudelaire lays out for his reader – it has been downgraded to a tepid spa experience for the stressed, although the sting in the last line reminds us that we still leave the poem naked and vulnerable. Poetry has retained its power to strip us bare, despite new notions of convenience and wellness. This sense of the discomfiture of the medium in a modern age is very much Szabó's territory, she shapes in formally inventive and technically challenging poems the disturbing and individual experiences we continue to have, despite a homogenising age.

Anna T. Szabó's work is centred on the nature of womanhood, its particular pains and struggles, and she engages in the description of these half-lit areas with precision and bodily authenticity. The collection opens with a series of poems on birthing and motherhood, and Szabó is truly excellent on the visceral lovehate of mothers towards their offspring, as we see in the intricate and perfectly-balanced poem 'Forsaken' (p. 29), spoken by the Blakean infant with its repeated song-like refrain 'now you leave me'; and the superbly translated 'New' (p. 37), in which the syntactical compression conveys both the animality of the very young, the desperation of the parent and the physical merging of the two into one voice:

looking for heat
looking for food
pushing sniffing
with his entirety
    where is it
    I want it
    now
        ('New' p. 37)

But although Szabó writes compellingly about motherhood, her poetry extends to embrace the wider experience of women, their slow acts of disappearance, their cultural and existential elision. I'm fascinated by her charting of that moment when a woman is faced with the sudden realisation that she is not a man in a male world, that the train is pulling away without her, the men have gone and she is left with her loneliness and bloodstains – and that she is and will always be an outsider, even in her own dreams and imaginative play. There is a point in the writing of every woman poet with the ambition to be truthful to her voice, at which it becomes abundantly clear that she cannot write with the voice of her literary predecessors, because they wrote from an entirely different place, and of a different life experience, and she must strike out on her own. This can be unpleasant and lonely. Eavan Boland wrote brilliantly about this realisation in her biography of a poetics *Object Lessons,* and Anna T. Szabó similarly writes out of this understanding: 'write only what pierces and surprises. / Write about what you don't feel like writing and can't.' ('Splinter' p. 67).

Subversion of genre, of material and voice, has infinite possibilities for those with this understanding. It is a way of entering the canon under cover of night and robbing it of its treasures. *Trust* contains some fine examples of this, with a series of sonnet-monologues voiced by Don Juan's female conquests. The poems are mysterious and terrifying: death and birth are interlinked in the opening piece 'Chamber' (p. 43), in which an unwanted 'dark piece of meat' has come from the body of the speaker, and we see a scene of visceral horror and post-seduction abandonment, rather than joyous birth. In 'Isabel lights a Candle' (p. 45) Don Juan's stare creates a *mise en abyme* effect – she sees herself infinitely reflected in her eyes. Like everything in this poem of shame and the male gaze, it is 'endless and momentary', the episode over almost instantly, but the centuries-long gaze still trained on the woman.

These voiced poems are given exquisite shape and sound in English translation. It's worth noting that they are the result of collaborative efforts: Anna Szabó, who translates English-language literature into Hungarian, has worked with poet and editor of *Modern Poetry in Translation* Clare Pollard, who has long experience of collaborative translation and writing both drama and poetry. The joint process yields up fine results: poems that read as poems in English, and yet have seemingly lost none of their complexity or formal qualities. It reminded me that some of the influential mid-century translations of Hungarian poetry were produced by poets like Ted Hughes, working in similarly collaborative ways. The process is always two-way when both are poets: the final work is a suspension between the two languages and cultures. It enriches both.

Sasha Dugdale

TRUST

33

Álmomban kinyitottam a szekrényt,
és elővettem halott nagyanyám
rókabundáját. Hullámzott a szőr,
meleg ezüstje villódzott, mikor
pucér vállamra vettem, ám alig
terítettem rá, rögtön széteset,
szétszállt, vagy, hogy is mondjam, szétzsizsergett:
szőr helyett csupa molyból állt a bunda,
bőrömön apró lábak kaparásztak,
porzott a sok szárny, sok szétevett szőrszál,
tikogva álltam, mozdulni se bírtam –

vagy vegyük azt a pompás dísztököt,
amit kivájtunk, arcformára véstünk,
és két éjen át bevilágította
novemberünket, szellemet riasztva:
harmadnapon már megroggyant, beomlott,
ráncos lett, mint a boszorkányok arca,
puha vigyorból fityegett foga –
gonosznak látszott, pedig csak öreg volt,
és kidobtuk a gyertyacsonkkal együtt –

a luftballont, mely egész éjen át,
mint a lepkék, kitartóan kopogva
próbált kiszökni tőlünk, a plafont
verdeste piros újszülött-fejével,
szállt volna el, de így képtelenül
lebegett fenn, és másnap már kicsit
lejjebb került, és estére már szinte
a földet érte, és reggelre csak
petyhüdt, elernyedt cafatként feküdt
akarattalan-üresen a padlón –

33

In that dream I opened the wardrobe,
took out my dead grandmother's
fox fur. Hairs fluttered,
flashed like hot metal when
I laid it on my nude shoulder, but I'd barely
put on when it fell
apart, he dismounted, or do I mean scattered:
the fur was made of moth,
tiny legs scribbled on my skin,
powder of wings, of hairs,
I choked, I couldn't move –

or take that magnificent pumpkin
we hollowed out, that lit
our November for two nights, repelling ghouls,
how on the third day it was rank, mouldy,
a shrivelled witch-face,
with a soft grin, a smeared tooth –
it looked evil, but was only old,
and then we threw it out, candle and bone –

or balloons that spend the night
like butterflies, persistent, knocking
at ceilings – one tried to escape
with a red newborn's head,
unable to work itself free,
and the next day hovering,
and the next day lower,
by evening it almost touched the floor,
by the morning it was limp, inert,
no will, deflated on carpet –

a kinn felejtett, penészedő ételt,
a nyálkás szárú, hervadt amarilliszt,
lehangolt zongorát, szétkarcolt cédét,
az új terítő közepén a foltot,
pincében rothadó gyerekcipőt,
a sötét erdőt, harminchárom évem
dupla bilincsét (rámkattanni készül) –
ahogy álmomban émelyegni kezdek,
s az élvezettől részegült öt érzék
visszaöklendi bűzös lakomáját –

mit tehetnék? csak mozdulatlan állok,
hagyom a dolgot megtörténni, s közben
– ahogyan a gyerekem mondja –:
iramodik rajtam a fázás.

forgotten rotten snacks,
the withered, slime-stemmed amaryllis,
discordant piano, scratched CDs,
the blot in the middle of the new tablecloth,
the baby shoes spoiling in the cellar,
the dark forest, these double handcuffs
of my 33 years (which will click just once) –
as I sicken in my dream and the five senses
drunken with the sensual vomit back
their acrid-smelling feast –

what could I do? I'm passive,
I'll let the thing happen,
while, as my child says,
the cold scuttles through me.

SZÜLŐSZOBA

A folyosón megyek, könnyem potyog
a linóleumra. A hormonok.
Bennem a gyermek kínban mocorog,
mint szoruló ököl, a méh löki,
préseli ki.

Nagyobb erőknek hullámára dobva
kapaszkodom székekbe, asztalokba,
feszít, forgat a fájdalom.
Vigyen, hagyom.

*

Az állat vackán szülhet, de a nők
együtt kínlódnak. A szülőszobában,
a nyújtott, többszólamú jajgatásban,
a szűk sötétben, csecsemők
furakodnak halálra váltan.

*

Mint a démon, a kín gazdát keres,
elkap, megszáll, a lényed része lesz,
már ő vagy: lüktető, határtalan –
két perc, és vége van.

És megint sodor, mint a víz, a szél,
barbár, lét előtti nyelven beszél,
ömlik a szádon, ősi jajgatás,
a másvilági gyász.

Siratod őt és az utódait,
kiket a kínod világra taszít,

DELIVERY ROOM

I'm pacing the corridor, tears
hitting linoleum. Hormones.
In me, in pain, the child stirs,
a needy fist, the uterus pummels,
squeezes him out.

Thrown by waves of vast force
I try to hold to chairs and tables.
Pain racks me, spins me.
Come on then, I'll let it.

*

Animals give birth in dens, but women
must suffer together. In the delivery room,
in the extended, polyphonic wailing,
through narrow darkness, infants
move in mortal fear.

*

This torment is a demon looking for a host:
it catches you, possesses you, becomes you,
here it is: pulsing, edgeless –
two minutes and it ends

and then again, like ocean, hurricane,
its barbaric language
spills from your mouth, primal howl,
inhuman grief.

You cry for him and his seed
thrust into life through your torture

táplálékul tolongó démonoknak –
itt vannak már,
kapudnál várakoznak.

*

Kis csupasz csigabiga, gyere ki,
hánykódik házad, jajgat ideki,
vörös lángnyelv dől ki az ajtaján,
bújj ki, gyere, síkos csigabigám!

*

Gyermek, te súly, te izzó vas, te kő,
gyere elő, könyörgöm! Bújj elő!
Szétfeszítesz és kifeszítelek,
csusszanj elő, te arctalan gyerek!

*

Húz. Lök. Feszít. Te semmit nem tehetsz.
Már hét órája. Széttép. Lélegezz.

Fohászkodni? Vagy káromkodni? Nem.
Túl nagy hozzá a kín. Túl idegen.

*

Ne tarts ellen, add át magad,
ez a szenvedés nem te vagy,
de ez az óra csak tied:
nem szülheti meg senki más
a gyermeked.

*

22

to feed those grasping demons
already here
waiting at this gate.

*

Come out, little naked snail,
your house is alarmed, in danger,
red flame-tongues spill out of its door.
Come out, slippery snail!

*

You weight, hot iron, stone child,
come on, get out! I beg you!
You destroy me I'm destroying you,
get out, my faceless child!

*

Heave. Wrench. Dilate. You cannot do.
For seven hours you tear. Breathe too.

Pray? Swear? Your voice has gone.
It's too much. Too alien.

*

Don't resist, give yourself up,
this suffering is not you,
but this hour is yours:
this child of yours
has to come out.

*

Erre születtem. Erre vártam.
Hogy mozogjon az ajándék-gyermek
testem vergődő kosarában.
A szorongató belső térből
gépről hallom a szívverését.
Sebesen lüktet, akadozva:
fejével tolva, nyomakodva
tágítja kijárata rését.

*

Viaskodni a lihegéssel.
Egész testemmel lélegezni.
Beáramlik az oxigén,
kiárad a fekete semmi.

*

Előbb csak fáj, de tűrhető,
kezelhető... De egyre nő,
árad, túlcsap a tudaton,
mindent átható hatalom,
a nőből farkas lesz, tutul,
ökle a vaságyra szorul,
már homlokig a vízben áll,
már segítségért kiabál,
víz alól hangtalan sikoltva,
mintha utolsó perce volna –
de most a fájás, mint a hullám,
átbukik, önmagába hullván,
és messzefut, ki tudja, merre.
A szünet lélegzetnyi kegyelme.

*

I was born for this. I waited for it.
This child a gift I carry
in my body's suffering basket.
The machine detects a heart beat
in the anxious interior.
It is pulsating rapidly:
pushing his head, push,
expand this exit.

*

I struggle to breathe.
Breathe my whole body.
Oxygen enters,
blackness pours out.

*

It hurts at first but is tolerable,
then it grows unmanageable…
surging, consciousness overbrims,
a master, all-pervading,
the woman is a wolf bitch, yelping,
on the iron bed she's pawing,
up to her neck in it,
as if in her last minute,
help she is screaming,
screaming and drowning,
but then the wave of pain recedes,
crashes and collapses,
hurries off, who knows what place.
A few breaths, a pause of grace.

*

Jó, hogy nem vagyok egyedül.
Támogatnak, segítenek.
Felitatják a véremet,
simogatják a kezemet.

Fekete hullámok között
korty levegőért kapkodok.
Még nem, még nem segíthetek.
Csak tarthatok, nem tolhatok.

Mint egy rémült hajótörött
testem hánykódó tutaján:
a síkos deszkára tapad
a gyermekem. A kisbabám.

*

A fájdalom nem testi már.
Mint földtani teknőt, kiváj.
Mozgás: helyhez nem köthető.
Tomboló elemi erő.

*

Löki, döngeti ajtaját
a levegős, tág külvilágnak:
egy gyermek teljes erejéből
ellenszegül a pusztulásnak.

Átcsúszik majd a tű fokán
nagy feje, csontos tömege.
Ha átjutott, csak fekszik ott:
rémületében zárva még
az ökle, a szeme.

It's good I'm not alone.
Others help.
Wipe up my blood,
stroke my hand.

Under dark breakers
I sip for air.
I can't help, not yet.
I hold on but can't push.

My shipwrecked child
clings to the slippery
bloodied raft of my body.
My baby.

*

The pain is not bodily.
Geological. I am carved, tectonic.
Boundless shudder.
Raging elements.

*

He knocks, slips through the door
to this airy, wide world:
a child with his full power
set against destruction;

slides through the eye of the needle,
big head, bony mass.
Once out, there he lies.
They are closed in terror:
his fists, his eyes.

ELHAGY

Elárul és elhagy.
Kilök magából és elhagy.
Önmagát adja ennem és elhagy.
Ringat és elhagy.
Talpam simogatja, fenekem törüli,
hajamat fésüli, elhagy.
Orrom az illatát issza, ölel:
„Soha nem hagylak el!" Elhagy.
Áltat, mosolyog, súgja: „Ne félj!"
Félek, és fázom, és elhagy.
Este lefekszik az ágyra velem,
azután kioson és elhagy.
Nagy, meleg, eleven, fészekadó,
csókol és dúdol és elhagy.
Cukorral tölti a két tenyerem,
tessék, ehetem: elhagy.
Sírok és ordítok, úgy szorítom:
foghatom, üthetem, elhagy.
Csukja az ajtót és hátra se néz,
nem vagyok senki, ha elhagy.
Várom, ahogy remegő kutya vár:
jön, ölel, símogat, elhagy.
Ő kell, mert nélküle élni halál,
felemel, melegít, elhagy.
Ketrec a karja, de ház az öle,
vágynék vissza, de elhagy.
Egy csak a lecke: nem ő vagyok én,
idegen, idegen, elhagy.

Ott a világ, lesz más, aki vár!
Lesz majd benne, kit elhagyj.
Csukd be az ajtót, vissza se nézz:

FORSAKEN

– Traitor, you leave me.
You pushed me out of your body and now you leave me.
You let me eat of your body then leave me.
Rock me and leave me.
Stroke my feet, wipe my bum,
comb my hair, leave me.
I smell that smell, I am embraced:
"I won't leave you!" you say as you leave me.
That comforting whisper: "Don't be scared!"
I'm scared, I'm cold and you leave me.
At evening you seem to lie down beside me,
but then sneak out and leave me.
Vast, cosy, vivid, my nest
which kisses and croons and leaves me.
Fills up my palms with sugar,
here, eat this: then you leave me.
I cry and holler, I clutch:
I can catch, I can hurt, but you leave me.
You close the door and never look back
and I do not exist if you leave me.
I wait like a shaking pup:
you snuggle, lull, and then leave me.
I must have you or life is death,
you raise me, warm me, leave me.
The arm is a cage, but the lap is a house,
I'd go back to except you leave me.
There's only one lesson: I am not you,
that stranger, that other who leaves me.

– In the world, there's someone else waiting!
You will have your own someone to leave.
When you close the door, don't look back:

várni a könnyebb, menni nehéz,
lesz, ki elárul, lesz, ki elárvul,
mindig lesz, aki vár, aki fél,
mindig lesz, aki vissza se tér,
megszül, és meghal, és elhagy.

waiting is easy, going is hard,
some are betrayed, some betray,
some will always be waiting, afraid,
there is always someone who never returns,
gives birth, and dies, and leaves you.

AHOGYAN

megszületik a fa gondolata
a nedves földben egy dió agyában,
kihajt, szeszélyesen sudárodik,
aztán (száz év) vad aszimetria,
szertelen szerteágazás –
a nemlét állóvizébe dobott
egyetlen mag nyomán szétgyűrűzik,
mind tágabb körben lüktet az idő,
nem óra-mérte számítás szerint –
levél- és madárgenerációk
bontják a burkot, felnövekszenek,
szállnak, lehullnak – de megáll a fa,
viseli őket, viseli kerek,
kövér dióit, viseli saját
külön idejét, s formáját, amely
nem ismétlődik többé pontosan,
de lénye mégis megmarad a mag
lényegében, mohó agyában –
                                    éppen így
születik s áll meg minden, ami jó,
s egy más időben őrzi biztosan
valódiságunk, mert a többi csak
percegő óra, lepergő levél.

AS

the idea of a tree is born
in wet earth in the brain of a walnut,
to sprout, to capriciously spread,
then (a hundred years of) wild asymmetry,
astounding, diverse branching –
from one seed thrown to the still waters of non-existence,
time is getting wider and wider,
pulsating in circles,
not to the clock's calculations –
generations of leaves and birds
split the shell, grow up,
they fly, fall – but the tree stands,
bearing them, bearing its round,
fat nuts, bearing her own
separate time and form which
is not repeated exactly,
though its essence remains, the seed's core,
in its thirsty greedy brain –
                                        just like that
everything good is born and stays,
safekeeping us for a different time,
the rest is just
a tick tock, a fluttering leaf.

MÁRIA MONDJA

Nézi egymást anya és gyermek.

Így csak a kisbabák figyelnek:
kíváncsian, mohón, merőn,
mindent értőn és ismerőn,
de végtelenül naivan –

Isten hozott, Isten küldött,
édes fiam, kisfiam.

Milyen a világ? Meg nem mondom:
dúdolok inkább, ősanya-módon,
megsimogatlak, megszoptatlak,
szívdobogással elringatlak.

Bizalom. Nem kell elmagyarázni.
Történhet veled és velem akármi:
én még tudom, te már tudod –
szemed nyugodtan lecsukod.

MARY SPEAKS

We look at each other, child and mother.

Only babies can watch this way:
curious, intense, hungry,
all-understanding, omniscient,
still terribly innocent –

welcome, my godsend,
dear son, little boy.

What's the world like? I can't tell you:
I just sing, like mothers do,
I hug you, suckle you, start
to lull you to sleep to my heart.

Trust. No need to explain.
Whatever happens happens:
I still know, you already know –
accepting, your eyes close.

ÚJSZÜLÖTT

nyöszörög csapkod
   hol vagy gyere már
torzul az arca bömböl kiabál
   gyeregyere már

rúg remeg a keze-lába:
az evés nyers szenvedélye
egész testét görcsbe rántja
   add magadat
   add magadat
   magadat ennem
   add
keresi a meleget
keresi az ételt
nyomakodik szimatol
egész erejével
   hol van adide
   akarom
   rögtön
   itt van bekapom
nem jön jön jön
fekszik az ölben bámul boldog
eltelítik a langyos kortyok
ez a világ közepe ez a gyomor itt benn
eszik ez a kicsike akaratos isten
   megeszem megiszom
   nem hagyom abba
   ide mind oda be
   mind nekem adja
mint Dionüszosz a tömlőt
gyúrja a tejszagú emlőt
részegíti a puszta levés –
   addmagad addmagad addmagad add
eggyé válik a test s az evés

NEW

he groans his hands flap
    where are you come here
his face distorted calling
    comecomecome

kickshaking his limbs
raw longing for eating
convulses his body
    give yourself
    give yourself
    give your body
    to eat
looking for heat
looking for food
pushing sniffing
with his entirety
    where is it
    I want it
    now
    here it is I eat it
    does not flow it flows
on the lap staring happy
filled with lukewarm sips
the middle of the world this stomach
this wilful little god
    I eat it I drink it
    I will never stop
    here it is
    she gives it me all
as Dionysus holds out the goatskin
he kneads the breast that smells of milk
drunk on mere existence
    give yourself give yourself givegivegive
the body and eating are one

CUMI

Álmodban férfi vagy, vasutasokkal
haverkodsz, de a mozdonyvezető
– csak poénból – fülkéjéből kizár,
és közben indít, kapaszkodsz a lépcsőn
két állomás közt; látod: kétfelől
a sínek mentén cipők, kalapok,
az öngyilkosok szétszórt tárgyai
foszladoznak a gazban, igen, félsz,
így kizárva a süvítő sötétbe,

de semmi baj, csak vicc volt, újra fékez
és egy kórháznál leáll a vonat,
egy nő rohan elő egy újszülöttel
– a vasutas babája –, ölelkezés,
végre leszállhatsz, mész hátrafelé,
hogy beszállhass már végre a vonatba,
de valahogy a cumi rád ragadt,
a sínek közé esik, nem kéne felvedd,
de nem bírod ki, mégis felveszed,

fordulsz, hogy visszaadd, élesen sípol
a kalauz, és kész, a mozdony elhúz,
már megint megszívattak, gondolod –
két állomás közt ott állsz egyedül
az éjszakában, káromkodni kéne,
de csak egyetlen mondat jár fejedben:
„Vedd fel a cumit: elmegy a vonat."

DUMMY

You're a man in the dream, try to make friends
with railwaymen, but the engine driver –
having fun with you – won't let you in his booth,
so while he speeds you just cling to the stairs,
between two stations, observe how many
loose shoes, crushed hats along the rails:
scattered belongings of the suicides
strewn over grass; now, yes, you are scared,
excluded in this deepening darkness –

but nothing's wrong, it was a joke, he brakes
and the train stops at a hospital
where a woman rushes out with a newborn.
They are the lover and child of the conductor, they hug,
you can step off then walk back,
to get inside the train,
but somehow the baby's dummy is stuck to your clothes,
falls between the rails, you mustn't pick it up
but you can't stand it, you must pick it up,

you're turning to give it back – but a sharp whistle,
and that was it, the train is pulling away,
they've fucked with you again, you think.
You stand alone between two stations
in the night, you want to swear
but all you know is:
pick up the dummy and the train leaves you behind.

NAP

Lélegzik a tér. Egyenletesen
és észrevétlenül. Van levegő.
Csak ebből sejteni, hogy van világ,
van szoba, ablak, kívül ott az ég.

És hullámokban tódul vissza minden.
Előbb a felhők koszlott bolyhai
derengenek elő, aztán az ágak
rügyező rajza, narancsszín sugár

a hirtelen fehéredő falon,
aztán a látvány izzó tűhegyén
feltűnik egy arc, egy portré szeme,
néz tűrhetetlen ikon-ragyogásban

egyenesen rám.

　　　　Kihasított a fény
a nemlét üres méhéből, de máris
néz valaki, magának követel.

SUN

The breath of space. Even,
unnoticeable. There is air.
From this I guess there's world,
a room, window, a sky.

All falls back in waves.
First dirty fluff of clouds
appears, then twigs
with buds, an orange ray

on sudden, whitening wall,
then, on the glowing needle-point of sight,
a radiant face, a portrait's eye,
intolerable icon

        that can see.

    Already, cut by light
from the womb of non-existence,
I am appropriated by this witness.

A NŐK ÉS DON JUAN

HÁLÓSZOBA

Szálkás fadézsa, ingó gyertyafény,
bútorok mozgó árnya a falon,
a fal puha, a levegő kemény,
és izzik, mint a vas. Az asztalon,

porcelántálban, nyálkás-feketén,
duzzadt és véres piócahalom,
akár egy nyers szív. Már nem az enyém.
Csak szörnyű dobbanását hallgatom.

Kijött belőlem, sötét húsdarab.
Nem akart élni. Minek is fogant?
Aki ölelt, azé. Jöjjön, vigye!

Szívem. Azt mondta. Ő volt a szívem?
Hogy visszajönne hozzám, nem hiszem.
Ő véres ágyba nem feküdne be.

CHAMBER

An old wooden tub, candleflame sways,
shadows of furniture getting unstable,
these walls are soft, the air is hard
and throbs like hot iron. The table

holds a porcelain bowl, slimy and black,
leeches in a swollen bloody heap,
like a raw heart, not mine any more.
I just listen to its terrible beat.

It came out of me, this dark piece of meat.
It didn't want life. Why be conceived?
The maker who made it should take it instead!

Dear heart, he said. Was he really my heart?
I don't think he'd come back now we're apart.
He'd never lie down in a bloodstained bed.

Nem én őt: ő ért tetten engem,
ahogy szétnyílt selyemköpenyben,
hogy megtartson remegő lábam,
háttal a falnak dőlve álltam,

ő nézett, néztem és remegtem,
önmagamtól leleplezetten,
és tükrös szemebogarában
csupasz testem duplázva láttam.

Ne nézz, ne nézz így, ölj meg, vagy ölelj át,
arcodba kéne vágnom ezt a gyertyát,
én meghalok veled, akárki vagy.

"Férfi vagyok." És meghajolt kimérten,
fordult és indult, felkavart a szégyen:
"Őrség!" Egyetlen, hosszú pillanat.

Isabel lights a Candle

Not me but him: he caught me unaware,
as I stood in a robe, half-opened, silk,
on legs that shook, that tried to hold me there,
still, standing with the wall against my back.

He watched intently as I watched him see,
self-revealed, the way I trembled there
and in his mirroring eyes I saw a me,
my naked body doubled in his stare.

Don't look at me like that, kill or embrace,
I should just hurl this candle in your face,
and die with you, whoever you might be –

"I am a man", he said with a curt bow,
and turned and left me, shamed and nauseous, now.
"Guards!" It was endless and momentary.

THISBEA A PARTON

A tenger hozta hozzám, partra vetve,
akár egy fényes, különös halat.
A félignyílt szem keskeny, mint a penge,
fekete pillák függönye alatt.

A viharhordta törmelék belepte,
sötét hajába sós hínár tapadt,
sebes, síkos és meztelen a teste,
és légy mássza a duzzadt ajkakat.

Gyönyörű férfi. Fejét ölembe vettem,
a kezem forró homlokára tettem,
és hosszan nézem nem látó szemét.

Mint testvéréhez, jó hozzám a tenger:
mert nem szerettem soha szerelemmel,
most kölcsönadja ifjú istenét.

Thisbea on the Beach

It was the sea who pushed him to me, made
him come ashore as if a bright, strange fish.
His eye half-open, narrow like a blade,
under the thick black curtain of his lash.

Stuck to his skin, bits of the storm's debris,
in his dark hair the salty seaweed clasps,
how rough and slippery his naked limbs
as flies are lured towards his swollen lips.

Beautiful. On my lap I took his head
and laid my cooling hand upon its heat
I looked into his eyes for a long time.

The sea is a relation, good to me:
because I never loved with my body,
he lends me this young god to use as mine.

DOÑA ANA

Engem becsapni! Egy rongyos köpennyel!
Mit gondolt rólam ez a semmi ember?
Hogy hallgatok? Vagy észre sem veszem?
Hogy az ölelést úgyis élvezem,

akárkié? Vagy, mint ki szólni sem mer,
majd a karjába dőlök szerelemmel,
és nem érzem meg azt, hogy idegen?
Én nem a látásáról ismerem,

s nem illatáról azt, aki enyém!
Egy szót se szól, csak átölel, és én
rögtön tegyem, amit akarata

és férfivágya tenni kényszerít?
Fogadjam el az ő törvényeit?
Hogy megtegyem? Hogy azt? Hogy úgy? Soha!

DONNA ANNA

To fool me! Only with a ragged cloak!
What did this piece-of-shit man think I'd do?
I wouldn't notice? Wouldn't dare to speak?
Enjoy a fumble, and no matter who

I made love to? Or, like one who keeps quiet,
I'd find myself subdued and giving in
to alien arms, although they are not right?
Does he think I won't recognise my man

just by his scent and by the shape he makes!
No words are said with liberties he takes
and I should be complicit, passive, flat,

only obedient to his manhood's law?
Silently accept that's what I'm for?
To do that thing? Just so? Never like that!

EGY KÖNNYŰ KALAND

Én mindig úgy szerettem volna élni:
karddal osonni sűrű éjen át,
kutatni új kalandok illatát,
és mindig máshol nyugovóra térni

de úgy esett, hogy nem lehettem férfi,
ki minden nőben önmagára lát,
s tökéletesnek tudja önmagát,
mivel az ágyak fortélyait érti –

én nő vagyok, de nem vagyok tükör,
kit minden férfi ökle összetör:
náluk a kulcs, de nálam van a zár.

Szép Don Juan, én több vagyok tenálad:
nem nagy dicsőség feltörni a zárat,
mert az én ajtóm mindig nyitva áll.

A Quick Affair

I always wanted to live just like him:
stealing with my sword through the deep night,
and following each new adventure's scent
to fall asleep in different beds each time,

but, as it is, I was born the wrong sex
to see myself in each woman I met.
A man knows that he is, himself, perfect,
because he understands the tricks of the beds.

I am a woman, but I'm not a mirror
that any man who has a fist can shatter,
they have a key, but still the lock is mine.

I'm more than you, O pretty Don Juan:
to pick this lock will bring no great renown
because my door was always open wide.

BOSZORKÁNYDAL

Ha zúgni hallod a lombokat
– fújj, szél, senkise lásson –
állj a tetőre, bontsd ki hajad
– fújj, szél, senkise lát.

Szél cibálja a fák tenyerét
– fújj, szél, senkise lásson –
szirmait mind elereszti a rét
– fújj, szél, senkise lát.

Ömlik a, árad a, zúg a sötét
– fújj, szél, senkise lásson –
csontodon érzed a szél erejét
– fújj, szél, senkise lát.

Hozza amit hoz hadd vigye el
– szállj, szél, senkise lásson –
dobd le magad, hisz a szél felemel
– szállj, szállj, senkise lát!

WITCH-CHANT

If you hear in the leaves there's a roar
– blast, wind, don't let them see –
on the roof stand and undo your hair
– blast, wind, nobody sees –

If the wind grabs at hands of the leaves –
– blast, wind, don't let them see –
and the petals of meadows drift loose
– blast, wind, nobody sees –

If the dark, if it swells, if a groan
– blast, wind, don't let them see –
you will feel the wind bang on your bones
– blast, wind, nobody sees –

Let it bring what it brings let it snatch
– fly, wind, don't let them see –
you will fall to a wind that will catch
– fly, fly, nobody sees!

A SÖTÉTRŐL

A szív helyén egy szó dobog: felejts.
De ott feküdtél a füvön hanyatt,
és érezted az izzó lüktetést,
a nap helyét a szemhéjad alatt,
a káprázat úgy ég a retinán,
mint a bőrön az érintés nyoma,
a fű, a nap, a fázás, száradás,
a hűlő víz felett a szél szaga
dobog a szó, dadog, felejtsd el, ejtsd el
ahogy az érdes és meleg tenyér,
olyan gyöngéden, szinte súlya sincs,
váratlanul a csupasz vállhoz ér,
sötétedő strand, szélborzolta víz,
a didergő test átforrósodik
mozdulni sem mersz.
                              Volt. Volt. Változik
az évszak, lassan fordul fenn az ég,
hó hull a vízre, hó, felejts, felejts,
a szem mögött hiánytalan sötét,
és súlya sincs, hogy érte könnyet ejts,
de ha elejted, vele hullsz te is
a fekete és jeges víz alá,
és nincs nap többé, ami hidegét
egy érintéssel felolvasztaná.

ON DARKNESS

A word beats where the heart should beat: forget.
But you lay down on that grass,
felt the glowing pulse,
the space of sun under eyelids,
its glare burns up the retina
like the memory of touch on skin,
grass, sun, shivering, drying,
the smell of air above cooling water.
The word beats, stutters, forget it, drop it,
as rough and warm palms,
so tender, almost weightless,
unexpectedly touch the naked shoulder,
darkening beach, waters shiver,
the cool body heating up –
you don't dare move.
                        It was. It was. Turning
season, turning sky,
snow falling on the water, snow, forget, forget,
behind the eyes utter darkness,
no weight to drop a tear
but if you drop, you fall with it
under black ice water
and there won't be sun to melt its cold,
a single touch.

HÍZELEG. KÖNYÖRÖG.

Macska, te selymes őrület, te kúszó
törleszkedés a nálad nagyobb testhez,
visszhangvadász, te hosszan kiterült
olvadt rugó, tükrös szemedben lámpa
fénykörét köddé oldó üres nézés,
kurrogó, berregő forró torok,
tüskefogsor, mely cafatokra tép,
hasfelhasító görbetőr karom,

macska, te alvó, kilencmilliárd
élet tudója, aki a kapun túl
lelkeket ítélsz álmodban, miközben
hűs bundádon egy gyerekkéz simít,
a patkány képében a túlvilágra
megérkezők torkát átharapod,
és érdes nyelvvel lenyalod a vért,
visszalökve őket új földi húsba,

ott macskaőr a sötét folyosón,
itt simulékony plüss-szobacica,
te szó nélkül is szóló, síró-rívó,
ki megérted az embernyelveket,
és kiharapod azét, aki gyáva,
hogy visszaköpd az álmodban egy másik
gyerek szájába, aki hirtelen
felébred álmában, felül, beszél –

te puha vadság, koncentrált halál,
élet, ítélet, feszült figyelem,
napjaim tükre és tudója, jöjj,
ülj az ölembe, nyugtass meg, hogy élek,

FLATTERS. BEGS.

Cat, you silky madness, you hot
pamperer, seeking higher bodies out,
echo-hunter, you long-extended
melted spring, mirror gazer,
your eyes both lamp and fog, you
purring buzzing hot throat,
you spiked mouthful that shreds,
you curve-clawed belly-splitter,

Cat, you sleeper, nine billion lives
and now you judge at the gate,
a soul in your dream, whilst
a child's hand smooths your cool coat,
and arrivals to the afterlife in ratskin,
you kill, one bite to throat,
rough tongued, swallowing blood,
returning them to earth to live as meat,

there, you are a guard in the dark corridor,
here you are a plush toy, pliable sweetie,
wordless talker, crier, translator
of human language, cat that gets
the coward's tongue then spits
it back up in a dream, in a sleeping
child's mouth, so suddenly
she wakes and starts to talk –

you soft wildness, concentrate
of death, life, judgment, witness,
reflect and know my days, come, sit
in my lap, reassure me that I live,

nem álmomban ölellek, simogatlak,
hogy ember vagyok még s te macska vagy,
hogy még, még, még, még, még – hogy ne küldj vissza,
engedj át mégis, ha patkány leszek.

that I don't only dream I cuddle you,
that I'm human and you're Cat,
that though I want more each day,
and may become a rat, you'll let me pass.

KÍSÉRTŐ

Mit akar tőlem? Semmit. Mindenem.
Amit nem adnék sohasem magamtól
és magamból. Nem, nem az életem:
azt, ami megtart, azt kéri. A kampót.

Azt, amin lógok, nyers test, földi boltban,
de égi boltból bocsátva alá.
A hitem kell: a van, vagyok és voltam.
Ha ez nincs: tükör, árnyék, félhalál.

A van és nincs között zuhanni, végleg:
ez kell neki. Hisz kiszámolta jól.
Akkortól mindegy, élek-e, nem élek.
Onnantól ő van. Rám szabott pokol.

THE TEMPTER

What does he want? Nothing. It all.
The thing I would never give up
from myself. No, not my life:
but what holds it. The hook.

What I dangle from, raw body
hung in the celestial butcher's.
He wants my faith: "there is" and "I was".
Without it's just shadow and mirror.

He wants me to fall between "is" and "is not"
forever. He calculates well.
No matter, then, if I live or I don't,
from there on it's a personal hell.

00:00

Átugrani a karikákat.
A négy lyukon a semmi fúj be.
Most, tűzsörényű mutatványos –
vár rád a nulla óra nulla.

Lendülj át égő, nyitott szemmel
egyik napból a másik napba.
Egyetlen néma hördüléssel
ugorj át legújabb magadba.

Most lesz a tegnapból kísértet,
pörkölt szőrszaggal vár holnap.
Lángoló szőrű öreg állat:
ostor sem kell, hogy átugorjad.

Ég mindened, az ágyon fekszel,
mozdulatlan szállsz, hosszú ívben.
A semmiről szól ez a perc itt.
Ezen átjutni, ez a minden.

Repülsz a tűzben, míg mögötted
egy nulla átfordul az egybe.

Mert voltál, mert vagy, míg lehetsz még:
a nullanulla duplanulla,
a semmi nem fér a fejedbe.

00:00

Jump through these rings
that nothingness escapes.
Now, you circus animal:
None o'clock awaits.

Swing over burning, open eyes
from one day to another.
Land in your newest self
with one silent roar.

Now yesterday turns ghostly;
tomorrow's burning hair.
Without the whip you leap –
dying animal with blazing fur.

Your everything burns on this bed,
this moment about nothing.
You vault, an arc, suspended –
to get through is everything.

You fly in flames, until behind
nil turns into one.

Because you were, you are, a while:
the nil-nil double-nil,
that nothing, can't be done.

AU LECTEUR

Te
olvasó,
ki fürdesz a szavakban,
és spórlásból vagy éppen kényelemből
más használt vizében mosod magad,
a nyelv őseleméből kiszakított,
tűrhetően szűk térben
nem feszengsz?

Mit remélsz?
Felfrissülést?
Tisztaságot?

Ha kellemesen melenget,
elég?

Elnyúlsz benne,
és kitöltöd egészen.

Ha kád a vers – kilépve
meztelen vagy.

AU LECTEUR

You,
reader,
washing in words,
to soothe yourself or save time
you clean with this used water,
avoiding the oceanic,
soaking in the tolerably tight space.
Aren't you tense?

What do you hope?
For refreshment?
To be rinsed?

Is it enough if it's comfortably
warm?

You stretch out,
fill it completely.

If the poem is a bath, you step out
naked.

SZILÁNK

Írj olyat, amit te magad sem értesz.
Mint amikor a körmöd beszakad.
Sziszegj. Harapj. Vagy haragudj. De kérdezz.
Ne hagyd magad.

Írj olyat, amit más ért, de te nem.
Seperj szilánkot, szedd össze a port.
Hidd el, hogy akad ebben értelem.
Sikál. Sikolt.

Nem akarhatod megúszni kevéssel.
Írd le, ahogy a kezed vezeti.
Befele ég, de izzik csak, nem ég el.
Engedj neki.

Csak olyat írj le, ami szúr és meglep.
Csak azt, amihez nincs erőd, se kedved.

SPLINTER

Write something you don't understand.
Like the sudden moment your nail tears.
Hiss. Bite. Be angry. But ask.
Don't give it up.

Write something only others understand.
Sweep up the splinters, collect the dust.
Believe that there's a reason.
Scream. Scrub.

You can't get away so easily.
Write it down as it leads your hand.
It burns, but it doesn't burn up.
Let it burn.

Write only what pierces and surprises.
Write what you don't feel like writing and can't.

ÉGÉSHŐ

REANIMA

Szeretkezett. Előbb üres szavak,
majd simogatás, nedves tapadás,
testből a testbe. Dugattyú ki-be.

Kibe. Végül csak magába megint.
Szerkezet: működik, mert muszáj,
ágyrugó, összenyomják, visszarúg.

Álmában egyszer úgy tapadt a szájra,
a fehér hideg arcra úgy borult,
úgy nyomta át saját lélegzetét

a másik mellkasába, préselte vissza
bordái közé a szívdobogást,
hogy feltámadtak tőle mind a ketten.

FORRÁSPONT

Jégben buborék: ha elolvad, nincsen.
Tartotta hát, még tartotta magát,
a levegőjét, amennyi maradt,

a saját gömbjét, csendjét, a terét,
ha üres is, ha hideg is, övé:
kilát belőle, látszik. Addig él.

A forró ujjak, forró lehelet,
a perzselően agresszív szavak
készületlenül érik. Nem! Nem kiolvad:

COMBUSTION

Anima

To make love. Empty words first
then the stroking, wet grip,
body into body, piston plunges in-out.

Out where? Finally, back into self.
Love's machinery: works because it must,
a bed-spring, squeeze, recoil.

A dream, stuck forcibly to mouth,
to press the white cold face
to press with breath

the other's chest, to crush
the heartbeat back between the ribs,
to both reanimate.

Boiling Point

A bubble in the ice: if it melts, it ends.
She holds on, holds herself,
her air as it remains,

her sphere, silence, space,
if it's empty, if it's cold, it's hers:
she can see out, be seen. She lives.

Then hot fingers, hot breath,
the scorching sudden words.
No! Don't thaw:

sistereg, robban. Minden oxigént
felfal és rögtön szétvet a harag:
nincs ő, nincs másik – süvít minden el.

Lamia

Tapasztalat: betapasztani szájat.
Elfojt és visszafojt. Csak ez folyik.
Lenyelni szót. Visszanyelni a könnyet.
Ki-be jár a keserű levegő.

Valami ég belül. A füst a hajon át
kiszivárog, a bőr zsugorodik,
ráncosodik. Fogni be, fogyni le.
Nem rákulcsolni, nem megfojtani.

Ha egyedül, a szem még felparázslik.
Az aszott testből láng csap ki megint.
Szét, felnyílik, nyers, lüktet, mint a seb,
felnyüszít, liheg, nem bírja tovább.

Dől ki magából, szakad ki a száján.

A láng határán

A minden: ők. Az összekapaszkodva
égő kanóc. Lángnyelven szólni csak.
Liheg, morog, mohón fal, fellobog.

spit, explode. All oxygen
sucked, anger detonates:
self, other, everything blows up.

LAMIA

Life always leads to a stopped mouth,
this choking, smothered. This is happening.
Swallow words. Hold back tears.
Bitter air goes in and out.

Something burns inside. Smoke leaks
through the hair, skin shrinks,
shrivels. Shut up, lose weight.
Don't attack, don't stifle.

When alone, the eye is on fire.
The torched flesh catches flame again.
It opens, raw, pulsates like a wound,
she whines, panting, can't hold it any more.

Spills out of herself, torn from her mouth.

AT THE EDGE OF FLAME

Everything is them. The clinging
burning wick. To speak only with flames.
Sweat, growl, devour, flicker.

Fehér izzásban, levegőtlenül
vergődnek egymás vad lélegzetében,
nem látnak ki a fényből, fel se néznek,

saját testükkel táplálják a másik
forróságát, csupasz, viaszfehér
nyugalmuk is emésztő lángolás,

egymást eszik, felélik, vaksötét
kívülük minden – ne nézz oda! Vigyázz!
Szemedbe csap a tűz. Ha nézel: égsz.

White incandescence, airless,
trapped within each other's wild breath
they don't see out of the light, don't look up,

feeding the other with their own body
hot, bare, waxy white,
their calmness too is flame,

they eat each other, consume, darkness
all around them – don't watch! Watch out!
A spark will get to you. If you see, you catch fire.

TELEHOLD

Függönyrésen át a fehér fény
csontig nyúzza az arcunk,
múltunk mind lesikálja,
rá új vágyakat ír,

mind, ami voltunk, egy pontba rántja,
semmibe dörzsöli nappali énünk,
úgy világít most a test a sötétben,
mint a papír,

micsoda árnyak birtokán lépünk,
milyen álarcos tömegben járunk,
milyen dübörgés, milyen nyöszörgés,
verejték, akár a vér,

hordában nyíva, sok ordas farkas,
szétvetett lábbal, magunk ölelve,
egyedül fekve kifordult szemmel –
forró radír.

FULL MOON

White light through the gap of the curtain
scrapes our face to the bone,
abrades our memories,
the intentions of day,
replaces them with midnight appetite,

and though once we were compressed to a dot
now our living selves are rubbed into nothing,
the body shines in the dark
like paper,

what are these fields we go to,
what masked mass do we walk in,
what torches, what cries,
shadows, sweat like blood,

howling like a wolfpack
with spread legs, having ourselves,
on our bed with our eyes closed –
hot eraser.

VILLÁM

A felszikrázó éjszaka.
Csak fekszem, hallgatom a csendet.
Ébren figyelem, hogy a felhők
kovakövei közelednek.

Még a hajam is villanyos.
Az ujjbegyeim bizseregnek.
Hosszan kitartott szenvedély.
Vibrálok, hallgatom a csendet.

Aztán elalszom, mint a fa.
Gyökér fúródik a sötétbe.
Az elektromos éjszaka
kilök a világ peremére.

A villanás! A csattanás!
Felránt fektemből. Tüzes álom,
levegőtlen szívdobbanás:
a villám átfutott a házon.

Aztán a zúgás. Az eső.
Ostorok csípős suhogása.
Forró. Majd egyre hűvösebb.
Jeges borogatás a lázra.

Záporszag. Termő rothadás.
Csak fekszünk, hallgatjuk a csöndet.
Villámcsapás. Kígyómarás.
A föld sebei gőzölögnek.

A láthatatlan fellegek
sziklái tovahömpölyögnek.
Visszhangos tér. Lélegzetek.
Zihálunk. Hallgatjuk a csöndet.

LIGHTNING

The night is charged.
I lie, alert to quiet,
wait, hear the clouds'
grinding stones approach.

Every hair is electric.
My fingertips prickle.
It builds like passion,
this vibrating silence.

When I sleep I'm a tree,
roots drill into dark.
The galvanised night
pushes me to an edge.

The flash! The crack!
I jerk up – blazing dream,
airless heartbeats;
lightning crosses my house.

Then the whoosh. The rain.
The swish of bright whips.
Hot. Then cooler.
Icy compress on fever.

Rain smell. Fecund rot.
We listen to stillness.
Discharge. Snakebite.
The Earth's wounds steam.

The unseeable rocks
of the clouds roll back slowly.
Reverberate. Gasp.
We are breathless with peace.

Mezítlen talppal meghalok.
Bogáncs. Sáska. Csont. Puszta kő.
Kiszáradt csigaház vagyok.
Már harminc napja. Nincs eső.

Kőtörmelék. Törött cserép.
Mezítlen talppal meghalok.
Halnék bele. Halnék Beléd.
Szolgád vagyok. Szolgád vagyok.

Csak út. Csak menni. Felfelé.
A Menny hosszában széthasad.
A fény elé. A fény felé.
És mozdulatlan állanak.

A sáskaszárnyú angyalok.
Egy halfej üveges szeme.
Valaki néz. Valaki néz.
Mintha egy trónus fénylene.

Szárnya. Pikkelye. Szőre van.
Sáskakarom és kecskeláb.
Egy száj tátogat hangtalan.
Asszonyi mellek. Ne tovább!

Ne hagyd, Uram! Ne hagyd, Uram!
Egy csigaháznak lába nő.
Egy kettévágott csecsemő.
Egy fényes kard zuhan, zuhan.

A tenger éle, mint a kard.
Sziklák. Fogak. Küllő forog.

NOT WATER, NOT WIND

Here I die with bare feet.
Thistle. Bone. Barren stone.
I'm a dried-up snail shell.
It's been thirty days. No rain.

Rubble. A broken jar.
I die with bare feet.
I'd die here. I'd die for you.
I'm your servant your servant.

The way. Just go. Walk upwards.
See the Heaven's veil
crack into light. Towards light.
And they stand still.

Angels like locusts.
Glazed fish-eyes.
Someone's watching. Someone's watching.
A throne shines.

Wings. Scales. Pelt.
Hooves, locust claws.
A mute mouth gaping,
a woman's breasts. No more!

Don't let me, Lord. Don't let me!
A mutant snail walking.
A baby sliced in two.
A bright sword falling.

The sea's edge is a sword.
Rocks. Teeth. A wheel rotates.

Az arcodat el ne takard!
Forognak pucér angyalok.

Távozz, Gonosz! Távozz, Gonosz!
A kövön vörösbor csorog.
Szétgurult almák, friss gyümölcs.
Mezítlen talppal meghalok.

Uram, mutasd meg trónusod!
Mutasd meg égi fényességed!
Valaki néz. Valaki néz.
Egyetlen szem. És csontig éget.

Don't cover your face!
Naked angels twist.

Leave, Evil! Leave!
Red wine on the stone.
Apples spill towards me, fresh fleshed.
I die with bare feet.

Lord show your throne!
Your divine glow!
Someone's watching. Someone's watching.
An eye burns me to bone.

SE TŰZ, SE FÖLD

Tengeri szél jön,
szoknyám alá nyúl,
combomat éri,
bújik, aláfúj,
meggömbölyíti, lökve dagasztja,
mint a vitorla, csattog a szoknya.

Hulláma gördül
éjféli víznek,
combomat éri,
felcsap a permet,
hold, hasasodj meg, szoknya, dagadj meg,
széltől szüless meg, tengeri gyermek!

Hold hasasodjon,
szoknya dagadjon,
éjjeli tenger
gyermeket adjon,
nőjön a vízzel, sírjon a széllel,
ringjon a vízzel, fusson a széllel...

Tengeri szél jön,
felcsap a permet...
Légtől a semmi.
Halszemű gyermek.
Égi magasság, tengeri mélység
már nem is élek, jaj, nem is élsz még...

NOT FIRE, NOT EARTH

The sea's breeze approaches,
fondles under my skirt,
moistens thigh,
brushes, swirls,
blows up, gropes, thrusts,
the skirt slaps like a sail.

Waves churn,
midnight water
touches my thighs,
sprays round the moon,
swell, skirt, swell,
O wind, impregnate me!

Moon, drench,
skirt, soak!
Night waters
spawn a new soul,
let it grow like a surge, wail like a storm,
breathe like a tide, move like a gale...

A blast is coming,
spray is splashing...
Air begets nothing,
but a fish-eyed child.
Heaven heights, ocean depths,
I can't live anymore – O, you're not alive...

A SZEMRŐL

Csak nézni rájuk. Milyen fényesek
és milyen szépek. Bitorolhatod
mindazt, amit látsz, előhívhatod
sötétkamrádban őket, képtelen
álmodba lépnek, villog és remeg
a képzelet, mint szélfodrozta víz,
benne a képük szétfut, összeáll,
mint víz alatt a kő, megváltozik,
megszínesül, alászáll. Nyugtalan
forgolódással alszol. Közelük
zavarba ejt, megszédít, nappalod
sejtelmekkel telíti. Mindenen
átüt valami más, megélesíti
a színt, a formát, és ráközelít
mindenre, amit nézel. Túl közel.
Üveg és víz a szem. Csak rajta át
láthatni mindent, védi a gyúlékony
létezőket a tűztől. Éljetek,
mondja nekik, és élnek. Nézi őket,
és látványukban elgyönyörködik.
Nem közöttük vagy. Közülük való,
de nem bocsáttatol be. Éjszaka,
a hívóvízbe mártott képeken,
meg tudsz jelenni néha. Azután
a szem kinyílik és lát. Fényesek
és szépek mind a dolgok. De tudod:
nem értheted meg, nem érintheted
a láthatókat. Hiszen egyesülsz
mindennel, amihez nyúlsz. Lángrakap,
átizzít, rögtön önmagába ránt.
Hogy élhetnél így? Inkább hátralépsz,
elkülönülsz, csak nézel. Hogy ragyog
minden teremtmény!

                    Hunyd be a szemed.

THE EYE

Just watch them. How bright
and beautiful they are. You can usurp
all you see, you can develop
them in your darkroom, they step
into your imageless dream, imagination
blinks and shakes like wind-rippled water,
their image dissolves then occurs
as stone under water changes,
takes on colours, descends. You turn
in broken sleep. Their closeness
humiliates, dizzies, saturates
your days with premonition. Everything
pervades something else, sharpens
colour and shape, zooms in
on all you look at. It's too close.
Glass and water is the eye. Only through this
do you allow yourself to see, it protects
the flammable from flame. Live,
it tells them, and they live. It watches them,
enjoys the sight.
You are not among them. You belong to them,
but you are not allowed to be with them. At night,
in pictures dipped in developing fluid
you appear sometimes. Then
the eye opens and sees. Bright
and beautiful. But you know
you can't touch and can't understand
the visible. Unless you're part
of everything you touch. It is kindled,
glows with fire, pulls you in.
How can you bear this? You step back,
you separate yourself, just look. How bright
each creature!

Now shut your eyes.

KÖNNYEBB LENNE

Könnyebb lenne szeretni mackót,
kiskutyát, műanyag babát.
Minden könnyebb, mint ez a lázas,
sötét, düh tajtékozta szem.
Ágy alá bújnék, ott ölelném,
csitítgatnám porszagú zugban,
hallgat, nem mozdul és meleg.
Csurom könny már a füle, orra.
Szorítom lehunyt szemmel, csend van,
ő él, én fekszem, nem vagyok.

HOW MUCH EASIER

it would be to love a teddy,
puppy, a plastic doll.
Anything would be easier than these feverish,
dark, furious eyes.
I'd hide under the bed and hug it.
Lull it in that dark dusty place;
listening, motionless, warm.
Its ears and nose are full of tears.
I hug with my eyes closed, in silence,
it is alive, I'm lying there, I'm not.

FEKVŐ NŐ KOCKÁS POKRÓCON

Délután volt és napsütés,
az erkélyen aludtam.
Rámfogta, elsütötte, és
hunyt szemmel ottmaradtam.

Az arcom nyugodt, szigorú,
homlokom csupa fény.
Álmom árnyékként ott ragadt
a szájam szögletén.

Este van, elment – forgatom
a polaroidot:
jól van. Akkor tehát ilyen
vagyok, ha nem vagyok.

WOMAN ON A PLAID BLANKET

An afternoon, sunlit,
a terrace, I dozed.
He aimed and he shot.
I kept my eyes closed.

A face calm and strict,
light fills the forehead.
A dream's shadow stuck
at the mouth's edge.

Evening, he's gone – turn
the polaroid picture:
So that's what I am
when I'm not here.

PERSZEPHONÉ

Csak itt ne többet, ne tovább,
én mindig erre vágytam,
egészen máshol, mást tegyek,
éljek egy más világban.

Az alvilág engedjen el,
ne legyek bárki rongya,
tegyem szét engedelmesen,
mindig, akárki mondja.

Már negyven éve így teszek,
nem kedvből, csak muszájból,
de két szülőm, a két öreg,
ha elfáradtam, ápol.

Szegény jó drága Mamikám
főz rám és a Papára,
a homlokán folyik a víz,
szemüvegén a pára.

Mamika, te sírsz? Ne sirass,
keresek én, meglátod,
lesz saját házam nekem is,
neked saját lakásod.

Ha nem inná el a Papa,
lett volna külön házam,
nem kéne már szorongani
sötét szoba-konyhában.

Kérleltél mindig, jó Mami:
a napra kéne menni,
sápadt vagyok, még elfogyok...
Mondtam: ne lásson senki.

PERSEPHONE

Just never here, no more no more,
that's all I ever want:
to be not here and something else
another world to haunt.

This underworld should let me go.
I'm anybody's rag.
Always obey, whoever says,
always spread my legs.

I've done this work for forty years,
there is no like, just need,
and two old, needy parents,
who love me but are tired.

Good Mamika still cooks meals
for Papa and for me.
The sweat still wets her forehead,
glasses mist so she can't see.

Mamika, do you cry for me?
I will take care of you
I'll have my home and you will have
your own apartment too.

If Papa didn't drink so hard,
we'd have a separate house
not this dim, tiny kitchen,
this anxious place.

You always begged me, Mami:
to go out in the sun,
I'm wan, my powers weaken...
I don't want to be seen.

A testem úgyis kell nekik,
tudják, hogy itt találnak,
egy gyors menet, és vehetünk
cigit is a Papának.

Húsz percet még ő is kibír,
kitesszük a hokedlit,
közben te kiszaggathatod
ebédre a nokedlit.

Így éldegélnénk még ma is,
ha közben nem jön értem
az alvilági szerető,
akitől mindig féltem.

Kinn vártatok, ő lelökött,
és elvágta a torkom…
Ez az utolsó áldozat.
Nekem ez volt a sorsom.

Kiment a gyilkos, és köszönt.
Vártátok: jöjjek végre.
Tíz perc... Aztán bejöttetek.
Ne emlékezz a vérre!

Ne így emlékezz, jó Mami…
Most másvilágban élek,
ha hangom vágyod hallani,
csak kérj meg, hogy beszéljek.

Az alvilági hang dalol,
beforrt a metszett gége,
és énekel a föld alól
az áldozat beszéde.

They want this body anyway.
It isn't hard to get.
Just one quick fuck and we can buy
Papa's cigarette.

This one's up for twenty minutes.
In the kitchen there's a stool
Papa sits on while you prepare
a simple spaetzle meal.

And so we would still live today,
if he didn't come –
that underworldly lover,
that dreaded one.

You waited outside as he pushed
me down and slit my throat...
This is the last sacrifice,
my destiny played out.

The killer left the room and you
exchanged politenesses.
Ten minutes later you came in.
Don't recall that bloodied mess!

Good Mami, don't remember...
I'm in a different world
if you want to hear my voice
just talk to your girl.

This underworld voice sings now
the cut larynx is healed,
from underground, finally,
the victim's voice is heard.

Halld a hangomat, Mamika,
a többi lánynak mondd el:
a másvilágon Marika
már végzett minden gonddal.

A testem adtam értetek,
aztán a vérem adtam.
Hádészt kérjétek végre meg,
hogy könyörüljön rajtam.

Hear my voice, Mamika,
tell the other girls:
Marika's done with caring,
she got her other world.

I sacrificed my flesh for you,
and then I gave my blood.
I hope Hades is gentler,
I'm hoping that he's good.

ŰR

A forgás közepén
az örvény közepén
az undor közepén
a fájás közepén
az ordításban
szaggatásban
a sírásban és siratásban
a születés örök kínjában
a szakadatlan szólításban
az émelygésben szédülésben
a megváltatlan szenvedésben
kivágott nyelvben
falba vert fejben

üvöltő csend van

THE GAP

in the middle of rotation
in the middle of the vortex
in the middle of disgust
in the middle of pain
in yelling
in cleaving
in crying and mourning
in birth's eternal torture
in constant calling
in dizziness in nausea
in unredeemed suffering
in clipped tongues
in banged heads

there's howling silence

MEDENCE

Klórszag, vízszag, almaborszag – hogy alkonyodik!
Sápadt asszony ül a hintán, megkapaszkodik.
Meleg van, de mégis fázik, visszamenne már a házig,
megfogadta, már a naphoz nem ragaszkodik.

Attól fél csak, parókája az ölébe hull,
sovány lába kikandikál gyámoltalanul,
üres szeme messze réved, nézi-nézi az egészet,
úgy, mint aki könnyek nélkül búcsúzni tanul.

Hasa hetvenéves, benne émelygés forog,
hogyha feláll, csak vánszorog, lassan imbolyog,
azt mondaná meg az isten, miért kell elmennem innen,
nem zavarok, ülök csendben, meg se mozdulok.

Ez az este, ez a kert és ez a perc a ma,
medencében apa, gyermek, úszó kismama,
forgolódik a hasában, kettős súlytalanságában,
egy ki tudja honnan küldött, készülő baba.

Közeleg a gumicápa, vadul vicsorog,
hamm, elkaplak, oldaláról véres víz csorog,
elbújhatsz vagy lemerülhetsz, előlem nem menekülhetsz,
hamm, bekaplak, szól a gyermek, fröcsköl és morog.

Lassan száll a víz felé a vörös őszi nap,
az almák az almafákon még felizzanak,
és sugárterápiára, új tavaszra, nyárra vár a
rothadó hús közepén a cápaképű mag.

POOL

Chlorinestink, waterstink, ciderstink – falling night!
A pale woman sits on the swing, holds tight.
She freezes but burns, she wants to return,
she vowed not to hold onto light.

She's afraid her wig will fall on her lap,
her lean legs hang, unable to help,
her eyes are empty, they look far away,
as if she could leave and not weep.

Revolving with nausea, her belly at seventy.
If she stands she can trudge and sway.
Would God tell me why I should say goodbye.
I don't bother, just don't move, quietly.

It is: this garden, this minute, evening air,
the pool, father, child, a pregnant swimmer,
and revolving in her belly, in double buoyancy,
a baby from who knows where.

The rubber shark approaches, snarling wild,
yum, I'll catch you, bloody water trails its side,
hide high or low, you can't escape you know,
yum, I'll eat you, snaps the splashing child.

Towards water, the late red sun dips slowly,
the feverish apples burn on apple trees,
the wait for radiation, another round of seasons.
In rotting flesh there is a shark-shaped seed.

JEGYZŐKÖNYV

Orvos volt ő is, ő értette volna.
Ő ismerte mind a műszereket
és műszavakat, steril gumikesztyűt,
a fertőtlenítő halálszagát,
a mérleget, amin porokat mérnek
hajszálpontosan, a fehér köpenyt,
amelyben a test ismerői járnak
egyenruhásan, mint az angyalok,
a holt nyelv hideg, biztos szavait,
a jegelt részvét és a tárgyszerűség
hatékonyságát, mikor vágni kell.

A tüdeje tapintásáról írtak,
mája színéről. Pontos és szikár
mondatokban, a jó boncmesterek.
Most láthattam belülről is a testet,
amit szemérmesen takargatott
mikor háromévesen rányitottam,
hogy majd, azután, gyengén, betegen,
egy délutánon átadja magát,
hogy segíthessek beszállni a vízbe.
Nem latolgatott, mint a szeretet.
Tárgyilagos volt, mint a bizalom.

Szép volt és nyolcvan éves. Esküvőmre
készültem, huszonhárom évesen,
a hajlékony test nyugodt tudatában.
Nem riasztott az oly sokáig titkolt
műtéti heg, a bőr mély árkai,
a mindenhol kirajzolódó csontváz,
a medence, mely megszülte apámat
kétnapos kemény vajúdás után.

PROTOCOL

She was a doctor, she would have understood.
She knew all the instruments
and artificial words, sterile rubber gloves,
the smell of disinfection,
the scales on which powders are measured
with such precision, the cold white cloak
in which specialists of the body pass
uniformed like angels,
knew the cool, sure terms of the dead language,
the frozen empathy and objectivity
when it comes to cutting.

They wrote about the texture of her lungs,
the colour of her liver. Accurate,
in exact sentences, those good pathologists.
Now I can see inside the body,
the body she obsessively hid from me
when I was three
and accidentally stepped into her room,
and which, much later, weakly, sick,
she offered me one afternoon
so I could help her get into the bath.
She was not carefully calculating like love.
It was more objective, like trust.

She was beautiful and eighty. Me,
preparing for my wedding, twenty-three,
relaxed in my flexible body.
She didn't care any more about the long
surgical scar, the deep ditches of her flesh,
the skeleton showing under skin,
the small hips that gave birth to my father
after two days of hard labour.

Nem vizsgáltam, nem bámultam, de láttam,
és ugyanő volt, nem volt idegen.
Tartottam, szinte lebegett a kádban.
Nem akartam elengedni sosem.

Nyolc év telt el a halála után,
mikor egy másik iratot keresve
a mappában a lapra rányitottam.
Ahogy a mellcsont roppan, mielőtt
a hasat végigmetszik. Ahogyan
szétválasztják a belső szerveket,
ahogy a szike az asztalra koppan.

Egy idegen gumikesztyűs keze
szíven markolt, és a mérlegre dobta.

I didn't examine her, I wasn't staring, but I saw
and she was the same, not other.
I held her almost floating in bathwater.
I never wanted to let go.

Eight years after her death,
looking for another document,
I find the report in a folder.
Just like the chest bone snaps before
the belly is sliced through. Just as,
after separating the internal organs,
the scalpel touches table with a clang.

An alien hand in a rubber glove
grabs my heart and throws it on the scales.

SIRALOM HÁZA

Sírjatok, sírjatok, amíg sírni bírtok,
sírjatok, sírjatok, amíg könnyetek van.

Eljön majd, el az elképzelhetetlen:
a zord ápolónő, pecsétes köpenyben.
Felharsan a hangja, feküdni, mit képzel,
lepedőt oszt véres, vizeletes kézzel.

Sírjatok, sírjatok, amíg sírni bírtok,
sírjatok, sírjatok, amíg könnyetek van.

Vár az öregasszony, mert sehol se jó már,
féloldalra fordul, és aludni próbál.
Álmában halottak látogatják sorban.
Felnyöszörög, jaj, jaj, azt sem tudja, hol van.

Sírjatok, sírjatok, amíg sírni bírtok,
sírjatok, sírjatok, amíg könnyetek van.

Tél van, mindig tél lesz, förtelmes szél vágtat,
nyikorgatja, tépi a kikorhadt fákat.
Ferde gőz süvít ki a kórházkéményből.
Üres minden utca, hamu hull az égből.

Sírjatok, sírjatok, amíg sírni bírtok,
sírjatok, sírjatok, amíg könnyetek van.

THE HOUSE OF LAMENTATION

Wail, wail, until you can't wail,
wail, wail, until you don't have tears.

It comes, will come, what you can't think:
the grim nurse stood in grimy smock.
She's bawling: you want what? Lie back.
She hands out pissy sheets and muck.

Wail, wail, until you can't wail,
wail, wail, until you don't have tears.

Old woman, who can't find a place
to sleep, writhes as she looks for peace.
In visions, one by one, dead come.
She cries O O. She's lost. She's done.

Wail, wail, until you can't wail,
wail, wail, until you don't have tears.

It's winter, always, foul wind breathes,
it creaks and uproots rotten trees.
A slant steam whines out of the chimney.
Ash falls. Every street is empty.

Wail, wail, until you can't wail,
wail, wail, until you don't have tears.

A NÉZŐ

„A kiválasztott másik ember az, aki éppen szembejön (…) Nem
lehet most már ismeretlen, ha nem is tudom nevén szólítani.
Veszendő figyelemmel nézem, s mert észreveszem, elvisz
magával."

KONRÁD GYÖRGY: *A látogató*

1.

Aki nem nézi, hol segítsen: megteszi vakon, megteszi némán. Nem
tudja abbahagyni.
Aki néz, az csak beszélni tud.

2.

Hogy ne csukjam be a szemem. De ne segítsek.
Ne hajoljak le, hogy begyakorolt mozdulattal kabátom alá dugjam a
göthös macskakölyköt.
Hogy meglássam: valaki a füvön alszik a fagyban, és menjek tovább.
Ne szóljak a szélütötthöz, aki egész nap egyedül fekszik a falon túl.
Ne bírjam magamra venni, de ne bírjak szabadulni tőle.

Nézek, ahogy a villanykörte fentről.
Kiürít a tudás. Visszhangos terem.

3.

Szétmorzsolódik végül, aki néz.
Minden nézéssel letörik egy darab.
Kenyér helyett kő. Fejére visszaszáll.

ONLOOKER

> "The chosen other person is the one I've just met… He can't be a stranger, although I cannot call him by his name. I watch him with fleeting attention, and he takes me with him, because I noticed him."
>
> GYÖRGY KONRÁD: *The Case Worker*

1.

The one who can't help blindly helping does so silently. Can't stop themselves. The onlooker only speaks.

2.

So I could not close my eyes, but shouldn't help.
Shouldn't bend and, with a practised sweep, put the coughing kitten under my coat.
I should notice the man sleeping in frosted grass and pass along.
No speaking with the old neighbour lying alone with a stroke on the other side of the wall.
No taking on the weight, being unable to get rid of it.

I look on, as a lightbulb from above.
Knowledge empties me. An echoing hall.

3.

The onlooker comes apart at the end.
A piece is lost with each and every look.
Stone, not bread, comes down on his head'.

4.

A bűn belőlem ered. A mások bűne is. Én vagyok az a másik.
Ennyi a részvét. Részt venni másokban, kikövetelni a része-
met. A szív részvéte helyett a szem részegsége.

Aki végignézi, meg is tudja tenni. Aki végignézte, elkövette.

5.

Nézem. Olvasom. Hagyja. Nem hagyom abba.
Sorsommá lesz, sodor, már nem léphetek ki belőle.
Beledőlök, a szám telemegy vízzel, horzsol a meder alja.

6.

Az anya ráüvölt csecsemőjére. Vallató a fogolyra. Férfi az asz-
szonyra. Gyermek az apjára. Öregasszony a távolodó buszra a
jeges alkonyatban. Valaki az avarban térdel, folyik a könnye,
megpróbál beleharapni egy bükkfa összekaristolt törzsébe. Egy
takarító a mozi vörös padlószőnyegére locsolja a hipót, aztán
sorra beleszórja a zsebéből öt gyermeke fényképét. Egy hentes
bárddal hasít ketté egy legyet. Sziréna vijjog. Csend van.

7.

Nézem, elvisz magával.
Nem tudom nevén szólítani: nevet adok neki.
Életet adok neki a magaméból.
Próbálom irányítani. Nem hagyja.

4.

Sin originates inside me. The sin of others too. I am the other. It's all about compassion. To take part in other lives, to claim my part. Instead of the heart's commiseration: the passionate misery of the watching eye.

If you look you commit. If you watch you take part.

5.

I look. I read. It lets me. I do not stop.
It becomes my fate, the current catches me, I can't get out.
I let myself drop, my mouth is full of water, I am bruised by the riverbed's depths.

6.

A mother shouts at her baby. The inquisitor at the prisoner. Man at woman. Child at father. An old lady at the departing bus in the chill evening. Someone kneels in the forest, tears flowing, tries to bite into the scratched trunk of an oak. A cleaner pours all the hypochlorite on the red carpet of a movie theatre, throws the pictures of his five children into flame. A butcher splits a fly with a hatchet. Sirens wail. Silence.

7.

I look at him, he takes me with him.
I cannot call him by his name: I give him a name.
I give him life from mine.
I try to pull him along. He doesn't let me.

8.

Néz, elvisz magával.
Nem tud nevemen szólítani: nevet ad nekem.
Életet ad nekem a magáéból.
Próbál irányítani. Nem hagyom.

9.

Nézed a szenvedőt: azonosulsz. Továbbmész: saját terhedet viszed.

10.

Aki ír, maga ellen vall. Meg akar szabadulni magától, így lesz önmaga.

Nem tudja abbahagyni. Vibrál, mint a villany.

Üres tárgyalóteremnek hadarja Isten védőbeszédét.

8.

He looks at me, he takes me with him.
He can not call me by my name: gives me a name.
Gives life to me from his own.
Tries to pull me along. I do not let him.

9.

You look at someone in pain: you become one with them.
You leave them: you're carrying a burden.

10.

Who writes: confesses against herself. To get rid of herself
she becomes herself.

She cannot stop. Flickers like a faulty lightbulb.

Gibbers to an empty courtroom in defence of God.

A FUTÁS

A test öröme. Nyár van, méz csorog
a szomjú arcra, lassú, ragacsos
nyelve végignyal mell közén, gerincen,
szoknya suhog-leng, selyme érdesen
paskol, mint forró, pucér bőrre zápor,
bizsereg a haj, a hajlat, az ágyék,
combok súrlódnak, lombok közt a fény
átnyilall, lecsukódik a szem,
rohanni vakon, nyárszag, bodzaszag,
akácvirág, tenger íze, árnyék
simogatása, szél, szél, szembeszél,
rugalmas futás, szandálcsattogás,
vér dobol, ahogy tenyerére vesz,
vérrel, bőrrel és napfénnyel beszél,
röptet a mindennél hatalmasabb
nevezhetetlen, ami most öröm,
máskor fájdalom, fénnyé robbanó éj,
élj, élj, örülj, dobogja, ragacsos
gyönyörűsége riaszt. Karnyújtásnyira vaskerítés,
rozsdás szögesdrót. Ahogy a lovak,
horkanva torpanok, megmarkolom
a porló vasrudat – lihegve lenézek,
meglátom lombkoronás arcomat,
ahogy a sáros kövek közt lebeg,
hullt akácvirág közt, a pocsolyában.

THE RUN

It's carnal joy. Summer, and honey drips
down my parched face with its slow, gooey tongue,
laps between breasts, slides down along the spine
to the swing-swishing skirt, the slap of silk
that slaps like rain on fevered, naked skin.
Hairs spark and tingle at each joint, my loin,
my thighs that chafe, and light stabs through the leaves,
closed eyes, on this blind run, and summer's scent –
the scent of elderflowers. I taste of sea,
and shadows brush my flesh, and wind, the wind
wrestles me for this run, and sandals beat
to blood's brute beat, as I'm taken in hand
and spoken to by means of blood, skin, light,
and hurled by some almighty, nameless hand,
now joy, then pain, then night turns into light,
be light and live, be happy, *be*, it beats.
Its sticky pleasure terrifies, then –
                              whoah.
An iron fence, strung with rusted barbed wire.
Snorting like horses, I must stop and grab
at the corroded rod. I pant, look down,
and in the puddle lies my leaf-crowned face,
girdled about by white and fallen flowers.

A TÖRZS MOZGÁS KÖZBEN

Barcsay Jenő, XC.-XCVI. tábla

Izmok grafitból. Derengő mellbimbók,
álmatag, alig-megrajzolt szemek.
Feszül a kar, a nyak. Test-építés:
tapadós, szálkás izomkötegek.

A hát hullámzik, mint a súlylökőké,
hegy-völgyes, mint a vízalji homok.
A fenék befelé kanyarodik,
a keresztcsontnál sima és lapos.

Musculus rectus abdominis:
izom, a szeméremcsonton tapad.
Idézzem ívelt csípőcsontjaid,
mozgékony vállad, feszülő hasad?

A testek kitárt karokkal, kitárva
a lapon, akár a boncasztalon.
Musculus serratus anterior:
a kart emelő nagy, lapos izom.

Fel a kezekkel! Állj, hadd lássalak.
A tested büszke, forró, igazi.
Most gyere, mozgass, mozgasd meg magad,
hadd dolgozzanak élő izmai!

THE BODY IN MOTION

Jeno Barcsay's album of artistic anatomy, fig. XC-XCVI

Dark pencil muscles. Dim nipples.
Dreamy half-drawn eyes.
The arm and neck are pulled taut;
muscles sticky and fibrous.

The back's sculpted waves are an athlete's,
it is like underwater sand.
The arse is flat at the rump-bone
then curves to a mound.

Musculus rectus abdominis:
it's long, and clings to the pubis.
Should I recall the curve of your hip-bones?
Your hard belly? Your shoulders?

Bodies lie outstretched on pages
as though a dissection might happen.
Musculus serratus anterior:
The muscle that makes the arms open.

Hands up! Don't move: I want to see you.
Your body is so real and hot and pleased.
Now – come and move me, let us move,
let me see these muscles used.

MEMENTÓ

„Szaporodik fogamban
az idegen anyag,
mint szívemben a halál."
ATTILA JÓZSEF

Két fogorvos a családomban. Ketten,
akiket szerettem, akik befalazták
emléküket a csontjaimba. Tőlük
kaptam a szív nyugalmát, amikor
kigyúl az éles lámpa. Megtanítottak
idejekorán megválni a testtől.

Megváltak tőle ők is. Új fogorvos
hajol fölébem, folytatja a munkát.
Most hátradőlve hallgatom a fúrót,
hunyt szemmel, akár egy koncertteremben.
Én volnék ez a zsibbadt test? Mint aki ámul
saját halálán, hallgatok leesett állal.

Körben mindenhol arc nélküli szájak:
állkapcsok néma gipszöntvényei.
Hallgatnak ők is. Már függetlenedtek
a szájtól, aki járkál és beszél.
Szólnék helyettük, mégsem szólhatok.
Lélegzem. Tiszta orvosi szagok.

Később, amikor már beszélgetünk,
a szekrényben épp a doktor mögött
meglátok egy valódi koponyát.
Vegyük ki! Nézem ámulva a barna,
üreges csontot, ajkat képzelek
a felső fogak fölé, nyelvet a szájba.

116

MEMENTO

"In my teeth
foreign matter accumulates,
like death in my heart."
ATTILA JÓZSEF

Two dentists in my family. Two that
I loved, people who sealed
their own memory into my bones. From them
I got this calm heart when the sharp light
switches on. They taught me
to leave the body long before death.

They've absented their own bodies since.
A new dentist leans over, continues the work.
Now I listen to the drill, lean back,
shut-eyed, as in a concert hall.
Am I this numb body? Like one amazed
at their own death, I listen with dropped jaw.

Faceless lips everywhere:
plaster casts of teeth.
They have also shut up. Independent
from the mouth which walks and talks.
I would say something to them, but can't speak,
only breathe. Pure medicinal reek.

Later when we talk,
in the closet just behind the doctor
I catch sight of a real skull.
Can I see it, please! I am amazed by the tan,
hollow bone, conjure lips
over upper teeth, tongue into mouth.

Ki volt vajon? Mit akart mondani?
Az állkapcsa hiányzik. Itt ízesült,
így mozgott fel-le, mutatja az orvos.
Milyen sérülékeny a száj. Milyen mulandó.
De milyen szép az ízület neve!
Felírja nekem, hogy el ne felejtsem:

Articulatio temporo-mandibularis.

Who was it? What did he wish to say?
The jaw is missing. Here it hung,
so moved up and down, the doctor shows me.
How vulnerable the mouth is. How transient.
But how beautiful the name of that joint!
He writes it down so I won't forget:

Articulatio temporo-mandibularis.

KOSÁR

A kosár krumpliról megfeledkeztem.
A kamra alján lapult már mióta.
Takarításkor került csak elő.

Gyanútlan voltam és felkészületlen.
Felemeltem a fonott fedelet,
és a sötétből, ahogy az üvöltés,

bombázás után beomlott pincéből
a könyörgés és az alleluja,
a csontig ható látvány felszakadt:

sok-sok sovány kar, sárga sápadt csira
tolongott felém, őrjöngve, remegve,
és lent a száraz, összeaszott testek,

fény, fény, fény, ments meg, *miserere nobis*,
élni akarunk, *sanctus, sanctus*, élni.
És becsuktam. És mélyre vettetett.

BASKET

I forgot about the basket of potatoes.
Who knows how long it hid in the larder.
I only found it during housework.

I was unsuspicious and unprepared.
I raised the braided lid, and from
the dark, as after a cellar bombing

comes the underground howl,
the invocation and the alleluia,
I saw a bone-hurting sight:

so many skinny begging arms, pale yellow,
shocked towards me, frenzied, trembling,
and below their parched, fused bodies.

Light, light, save us please, *miserere nobis,*
we want to live, *sanctus, sanctus,* to live.
I closed the lid. Pushed them back down.

A FENYŐ

„A fát az angyal elviszi" ígértük.
Azután mégis én kezdtem leszedni,
fényes nappal. De alig nyúltam hozzá:
zuhogni kezdett, záporozni, hullni,
mint zúzmara a fákról olvadáskor,
percegve, siseregve és kopogva
kopaszodott, lepotyogtak a gömbök,
szitált a szaloncukor, mint a flitter,
a lábam alatt ropogott a padlón
egy fenyőerdő levélszőnyege.

Kézzel kezdtem el akkor lepucolni,
és sorra simogattam minden ágat.
Apró sebeket sajgatott a bőrön,
ahogy a tüskéket marokra fogtam,
és közben vad örömmel letüdőztem
a pusztítás karácsonyillatát.

Egy fa. Így könnyű. De tévedj csak el
fenn a fekete, zúgó fenyvesekben,
és hallgasd, tíz nap bolyongás után
a pergő tűlevelek percegését.
A mi bomlásunk nekik jószagú:
a visszhangtalan erdő körülállja
a holtakat, a szomjas gyökerek közt
eloszlanak, csak csontvázuk marad,
és szerteszórt, kiszáradt tincseik.

Összekötözöm vörös, pikkelyes
ágazatát, közben egy pillanatra,
akár előbb az ezüst üveggömbben:
egy gyantacseppben meglátom magam.

THE CHRISTMAS TREE

"The tree will be taken by an angel" we promised.
Then I started to take it,
in brazen daylight. But had barely touched
when needles began to fall, shower
like rime ice from thawing branches,
a sizzling, whooshing, dropping sound,
they grew bald, spheres walloped the ground,
candy-wrappers sifted down like sequins,
and suddenly my feet crunched
on a pine forest floor.

I started then to strip leaves off by hand,
and I stroked every branch.
Tore skin
as spikes caught me,
while I wrestled with wild joy, inhaled
that good Christmas smell of destruction.

One single tree. Easy.
But get lost in a forest of black, roaring pines,
and listen, after ten days of wandering,
to the small sound of so many small needles falling.
For them it's our decay that smells so nice:
the echoless forest surrounds the corpse,
among thirsty roots
it's soon distilled, distributed,
nothing remains but dry bones and tufts of hair.

I tie together the reddish, scaly branches,
and for a moment,
as in a glass sphere,
I see my reflection in a resin drop.

Evidens érzés: „Él és sír." Csodát!
Miért nekem kell leszedni a fát?
Az angyal így nem bánna el vele.
… És hogy összeszurkált, ördög vigye!

All the feelings: "It still lives and cries!" No fucking way!
Why it is me who must remove the tree?
An angel wouldn't hurt him like this...
and I'm damaged too, the devil take it!

INGATLAN

Hány lehetőség. Hány álmatlan óra:
elképzelni, hogy hol lesz majd az ágy,
melyik szobában dolgozunk, melyikben
alszik a gyermek, milyen függönyök,
milyen színű fal, hol fér el a polc,
az íróasztal, milyen lesz a kád,
kell-e falat mozgatni, és hol áll
a mosógép, a porszívó, a létra,
vannak-e kuckók, zugok, pucikok,
van-e közös tér, futkosni való,
és a konyhába besüt-e a nap,
és elfér-e a szép nagy kerek asztal?

Pesthidegkúton öreg almafa
hullatta érett almáit az útra,
a lengő gömbök felett a magasban
páncélos varjak úsztak, ragyogott
az őszi ég. Háromszor jártunk náluk,
körpanoráma, lift nincs, negyedik.
Rákosszentmihály szélén óriás
diófa várt, a kikötött kutya
ferde szája – „amikor kicsi volt,
beugrott a Ford kereke alá,
eltört az álla" – félvigyorra állt.
Egy halott asszony nyüszített a házban,
és dohszag volt, de dőlt a napsütés.
A Wekerlén fakorlát, kicsi kert,
copfos kislányka, óriási fák,
de éreztem, ahogy a ferde fal
a tetőtérben nekem préselődik.
Jártam Pestimrén is, vesszőfutás
gyerekkocsival a sok kutya közt,
falusi utca, icipici ház,

TO PURCHASE PROPERTY

How many options. How many sleepless hours:
imagining where the bed might be,
in which room to work, in which the child
will sleep, which curtains,
what colour walls, where the shelf will go,
the desk, the shape of the bathtub,
should we move walls, will there be room
for the washing-machine, vacuum, ladder,
are there crannies and corners,
is there a common space to run in,
will the sun shine into the kitchen, will
the big, beautiful round table fit?

Old apple tree on Pesthidegkút
drops ripe apples to the road,
golden spheres swing in clear blue,
armoured crows glide, shining
autumn sky. We visited the sellers three times,
circular panorama, no lift, fourth floor.
On the edge of Rákosszentmihály a giant
walnut tree waited, the chained dog's
slant mouth – "when he was small
he jumped under the Ford's wheels, his chin
broke" – always half-minded.
A dead woman sobbed in the house,
there was a musty smell, but plenty of light.
In the Wekerle quarter lots of wood, small garden,
pigtailed girl, giant trees,
but I felt the slanting walls
in the attic would suffocate me.
I was also in Pestimre, running
with a pram amongst barking dogs
on the street, it was a tiny house

de megmutatták a tisztaszobát is:
csupa ciráda, fehér és arany
szekrénysor, dzsungelmintás szőnyegek.
És Csillaghegy, és a Római-part:
felkapaszkodtam (tetőteret ígértek)
a sötét padlásgerendák közé,
és galambpiszkot találtam, és kormot,
kupacba hordott régi szemetet.
A rakparton egy lepattant lakásból
a Dunára s a Gellérthegyre látni:
a zöld víz felett nézhetném, ahogy
az öngyilkosok felmásznak a hídra.
Ukrán munkások laktak a szobában
műanyag poharak, alsógatyák,
aktposzterek között, tizenhatan,
szétzuhanyozták esténként az osztrák,
kerekesszékes tulajdonos
másfél lépésnyi fürdőszobáját.
A BAH-csomópontnál gyerekszagú
szobák, az ágyak helye még a padlón,
körbevezetnek az üres lakásban:
tizennégy év hűlt fészekmelege.
A társasház kertjében kis medence:
üresen áll a vízöntő leány
kőkorsója. És döng a forgalom.

A múltjuk ez volt. Mennyi, mennyi élet.
És magammá éltem mindegyiket,
mintha lehetne. Lázas izgalom
fogott el minden lehetőség láttán,
apróra berendeztem és belaktam,
órákban éltem át tizenhat évet.

but they showed me the "salon":
full of ornaments, white-gold furniture,
jungle-patterned carpets.
And the Csillaghegy, the Római part along the Danube:
I climbed up to a promised room in the loft
to find only dark attic beams,
pigeon shit and soot,
heaped old rubbish.
On the wharf from a ruined flat
I saw the Danube and Gellért Hill:
I could look at the green water directly,
the suicides climbing Freedom Bridge.
Ukrainian workers lived in the room –
plastic cups, underwear,
sixteen naked calendars
they had ruined with all those evening showers,
the tiny bathroom of the wheelchair-bound
Austrian owner.
And at the BAH junction:
rooms smelling of children, all the beds still in,
I wandered in the empty apartment,
cooling heat of fourteen years of nesting.
A small water-basin in the old-fashioned garden:
the Aquarius girl, her jar
run empty. Traffic continuing.

This was their past. How much, how many lives.
And I've lived them into mine, lived all of them,
if it were possible. My fevered excitement
at every opportunity,
I imagined each detail of our new life,
lived sixteen years in a single hour.

Ma éjjel álmomban egy végtelen ház
termeit jártam, nyikorgó falépcsők
vittek felfele, mindig felfele,
üres és túlzsúfolt szobákon át,
pókhálós régi életek között,
de jövőtlen volt az egész, de múlt volt,
teljesen múlt, és nem volt soha vége:
egyre szűkülő térben nyomakodtam,
és „Berendezem!" gondoltam, és féltem.

Tonight I dream an endless house,
I climb on squeaking wooden stairs
upwards, always upwards,
walk through empty, crowded rooms
among these cobwebbed lives
but it is futile, it is all the past,
completely past and never ending:
I am trapped in an ever-narrowing space.
"I will furnish it all!" I think, and am afraid.

BIOGRAPHICAL NOTES

Anna T Szabó (also known as Anna Szabó T., and in Hungary as Szabó T. Anna) is a poet, writer and translator. She was born in Transylvania (Romania) in 1972 and moved to Hungary in 1987 where she studied English and Hungarian literature at the University of Budapest. She received her PhD in 2001 for the study of the translation of Shakespeare.

She has published eight volumes of poetry for adults and nine for children, written three books of short stories, twelve plays, and has received several literary prizes. She is an elected member of the Széchenyi Academy of Letters and Arts (part of the Hungarian Academy of Sciences). She has translated – mainly from English, occasionally from German, French, Romanian and Dutch – many poems and lyrics, short stories, children's books, essays, novels, drama, radio plays and librettos. She also writes essays, newspaper articles and reviews, gives lectures, and has taken part in the popular literary competition series on Hungarian Television *Nyugat; Szósz; Lyukasóra*. For ten years she worked as a translator and critic for the movie magazine *Cinema* and has co-led of a series of poetry translation seminars organised by the British Council.

She lives near Budapest with her husband the novelist György Dragomán and their two sons, and is currently working on a novel and a new poetry collection

CLARE POLLARD has published five collections of poetry with Bloodaxe, most recently *Incarnation*. Her play, *The Weather* (Faber) premiered at the Royal Court Theatre. Her translations include *Ovid's Heroines*, which she toured as a one-woman show, and a co-translation of Asha Lul Mohamud Yusuf's *The Sea-Migrations* with Mohamed Xasan 'Alto' and Said Jama Hussein, which was *The Sunday Times* Poetry Book of the Year in 2017. She edits *Modern Poetry in Translation*.

Her latest books are a non-fiction title, *Fierce Bad Rabbits: The Tales Behind Children's Picture Books* (Fig Tree) and a pamphlet with Bad Betty Press, *The Lives of the Female Poets*.

SASHA DUGDALE has published five collections of poems with Carcanet, most recently *Deformations* in 2020. She won the Forward Prize for Best Single Poem in 2016, and in 2017 she was awarded a Cholmondeley Prize for Poetry. She specialises in translating contemporary Russian women poets and post-Soviet new writing for theatre. She has worked both in the United Kingdom and the United States on a number of productions, translating modern Russian plays. In 2020, she won an English PEN Translates Award for her translation of a collection of poetry by the Russian poet Maria Stepanova.

From 2012 to 2017 Dugdale was the editor of *Modern Poetry in Translation* and was poet-in-residence at St John's College, Cambridge from 2018 to 2020. She is co-director of the biennial Winchester Poetry Festival.

www.ingramcontent.com/pod-product-compliance
Lightning Source LLC
Chambersburg PA
CBHW030842090426
42737CB00009B/1066